OBSERVATIONS

Du Sieur TRAVENOL, Pensionnaire de l'Académie Royale de Musique.

Sur les frivoles motifs du refus que fait le Sieur Joliveau*, Caissier de ladite Académie, de lui payer sa Pension.*

ADRESSÉES

A MONSEIGNEUR LE COMTE

DE S. FLORENTIN,

MINISTRE ET SÉCRÉTAIRE D'ÉTAT.

A

MONSEIGNEUR,

MONSEIGNEUR LE COMTE

DE S. FLORENTIN,

MINISTRE ET SÉCRÉTAIRE D'ÉTAT.

O TOI que la Raison éclaire,
Miniſtre vigilant , ſage , laborieux :
Eſprit né pour la Cour , & maître en l'Art de plaire , *
Sur cet Ecrit, SEIGNEUR , daigne jetter les yeux :
    Vois cher Ami de Polymnie ,
    Que Thémis toujours inſpira ,
    Vois juſqu'où va la tyrannie
    Du Caiſſier de notre Opera.

                     TRAVENOL.

---

* Deſpreaux , Epître V.

OBSERVATIONS

Du Sieur Travenol, Penſionnaire
de l'Académie Royale de Muſique.

*Sur les frivoles motifs du refus que fait
le Sieur Joliveau, Caiſſier de
ladite Académie, de lui payer ſa
Penſion.*

JE ſuis plus malheureux qu'un autre. Il ſem-
ble que les reſſources les plus certaines, les
mieux fondées, ſe refuſent à moi ; & l'on
diroit, que les Privilèges les plus autentiques,
les plus ſolemnels, doivent diſparoître, dès
qu'il s'agit de les employer en ma faveur.

Je ſuis entré à l'Académie Royale de Muſique, il y a plus de vingt années. On peut y
acquérir de la Gloire : il n'eſt pas poſſible de
s'y former une fortune, les Appointemens,
ſur-tout pour l'Orcheſtre, ſont trop modi-
ques. Après ce long ſervice, j'ai été mis à la
Penſion. Elle eſt de trois cens cinquante li-
vres, & c'eſt toute ma reſſource, pour ſoute-

A ;

nir ma vieilleffe, mes infirmités, & une fœur plus âgée que moi, & dont la fanté n'eft pas meilleure que la mienne. Qui pourroit m'envier cette foible reffource ? Je ne l'ai acquife que par vingt années du travail le plus pénible & le plus affidu.

Cette modique reffource doit du moins refter dans fon entier. Elle eft deftinée aux alimens des perfonnes qui ont facrifié leur jeuneffe à l'exercice, & au fervice pour la repréfentation du Spectacle de l'Opera.

Un Arrêt du Confeil, du 6 Août 1745, rendu fur la Requête du Directeur de l'Opera, ordonne, *que ces PENSIONS, ainfi que les Appointemens des Acteurs, Actrices, SYMPHONISTES, & autres perfonnes employées à l'Académie Royale de Mufique, ne pourront être faifies par leurs Créanciers, pour quelque caufe que ce foit. SA MAJESTÉ veut, que nonobftant toutes faifies faites ou à faire, qu'elle déclare nulles, & de nul effet, le Caiffier de ladite Académie, paye & vuide fes mains de ce qu'il doit, ou devra ci-après aufdits Acteurs, Actrices, SYMPHONISTES & autres Employés au fervice de ladite Académie, quoi faifant, il en fera bien & valablement déchargé.*

Cette Loi eft publique : c'eft le Privilege de l'Académie Royale de Mufique. Il a été accordé à la follicitation , & fur la Requête de fon Directeur. Ce font à préfent les Sieurs Rebel & Francœur , Directeurs de cette Académie , qui le doivent foutenir. La queftion n'eft pas neuve : elle a toujours été uniformément décidée. Le feu Sieur de Neuville , auparavant Caiffier de cette Académie , a fait fignifier lui-même plufieurs fois cet Arrêt du Confeil , j'en ai la preuve.

Quelle a donc été ma furprife , lorfqu'on s'eft préfenté pour recevoir mon quartier échu au dernier Décembre 1760 , de la fomme de 87 liv. 10 fols , unique reffource pour ma fubfiftance pendant trois mois d'hiver , quelle a été ma furprife d'apprendre que le Sieur Joliveau , actuellement Caiffier de notre Académie , avoit refufé de payer , fous le frivole prétexte de deux faifies faites fur moi , qu'il avoit entre les mains ?

Et à quel point mon étonnement s'eft-il acru , quand à une Lettre très détaillée & extrêmement polie , où je rappellois au Sieur Joliveau , l'Arrêt du Confeil du 6 Août 1745, qui eft un des Titres de notre Académie , que fon Caiffier ne doit pas plus méconnoître que fa Caiffe , j'ai reçu de lui , en réponfe , fur un chifon d'adreffe de Lettre , écrits de fa main, ces mots remarquables & laconiques. *Quant* à *l'Arrêt du Conseil dont parle* M. *Travenol*, je ne le connois point. J'en ai entendu parler. Mais je ne l'ai jamais pu découvrir, ni ceux que j'ai vu dans le cas d'en avoir besoin, pour des saisies toutes semblables à celles dont il s'agit actuellement. *Réponse sans datte & sans signature.*

Voilà certes un Caissier trop peu instruit. Il faut que l'importance de sa Recette l'occupe plus que ses engagemens pour la distribution. C'est cependant à lui personnellement, que le Roi ordonne *de me payer, & vuider ses mains de ce qu'il me doit pour ma Pension.* C'est de ce paiement, qu'il ne sauroit se dispenser de faire, que Sa Majesté lui donne toute décharge valable.

Je ne dois pas m'adresser aux Saisissans. Le Roi a déclaré, d'avance, *leurs Saisies nulles & de nul effet.* Il n'en doit pas être question. C'est nonobstant ces Saisies, & sans aucun examen, que Sa Majesté veut que ce Caissier me paye ; & elle ne le veut qu'après en avoir rendu raison. *C'est que ma Pension ne peut être saisie, par mes Créanciers, pour quelque cause que ce soit.* Le motif de cette décision souveraine, c'est la nécessité d'assurer une subsistance certaine, quelque légere qu'elle soit, à des personnes, qui avec des

Talens, se sont employées toute leur vie au service du Public.

Et ce sont nos Directeurs mêmes qui ont sollicité, & obtenu cet Arrêt, dont ils ont senti l'importance, pour la conservation de cette Académie, pour la sûreté de son service, & pour la tranquillité de ses membres. Je dois donc compter sur toute leur protection. Plus attachés encore à notre Académie, que les précédens Directeurs, les Sieurs Rebel & Francœur, n'en abandonneront pas les Privilèges. Ils les accroîtroient s'il dépendoit d'eux. Ils voudront bien instruire leur Caissier, lui faire connoître & exécuter une Loi publique, solemnelle, qui en est devenue une particuliere pour lui, pour son état, pour ses opérations.

Trop heureux d'avoir essuyé ce petit échec, quelque désagréable qu'il soit pour moi, puisqu'il me procure l'avantage d'être utile à mes Camarades, de rendre public un Arrêt, que le Sieur Joliveau, si on l'en croit, *n'a jamais pu découvrir*, & qui est échappé aux recherches de plusieurs autres. Ce n'est pas une Piéce indifférente pour l'Académie Royale de Musique. Je suis trop satisfait, qu'après des recherches réitérées & inutiles, elle la tienne enfin de ma main. Mes Directeurs m'en sauront certainement bon gré.

Et quelles nouvelles forces ne prennent pas mes juſtes eſpérances, quand je vois le Miniſtre ſous la main duquel notre Académie a l'avantage de ſe trouver ? Protecteur, par goût, des Talens, bienfaiſant, par ſentiment, ami de l'humanité, favorable aux malheureux, ce ne ſera pas ſous ſon Miniſtère, que l'on ſuprimera un Privilège, qui n'eſt que celui de la raiſon, de l'équité, des talens, de l'humanité, & qu'a ſolemnellement conſacré la volonté du Souverain Légiſlateur.

TRAVENOL.

JANNYOT, Procureur.

De l'Imprimerie de DIDOT, rue Pavée, à la Bible d'or, 1761.

EXTRAIT
DES REGISTRES
DU CONSEIL D'ETAT.

Sur la Requête présentée au Roi, étant en son Conseil, par François Berger, pourvu du Privilege de l'Académie Royale de Musique, Contenant qu'il survient journellement entre les mains du Caissier de ladite Académie, nombre de Saisies & Oppositions sur les Gages, Appointemens & *Pensions* des Acteurs, Actrices, *Simphonistes* & autres personnes employées à l'exercice & service, pour la représentation du Spectacle de l'Opera; que ces Saisies troublent & dérangent les fonctions, & opérations du Caissier, en ce que les Acteurs prétendent être payés journellement de leurs Appointemens, qui sont destinés à leurs alimens, & que le refus de paiement les éloigne & peut faire manquer le service; que le Caissier est traduit en différens Tribunaux, pour faire ses déclarations & justifier de ses comptes & paiemens, ce qui multiplie ses opérations à l'infini, & donne lieu à des contestations & de gros frais : Requeroit

A ces causes, le Suppliant, pour prévenir ces inconvéniens, aussi nuisibles qu'embarrassans, qu'il plût à Sa Majesté ordonner que les Gages, Appointemens, *Pensions,* Rétributions, & peines des Acteurs, Actrices, *Simphonistes,* & autres personnes employées à l'Académie Royale de Musique, ne pourront être saisis par leurs Créanciers, pour quelque cause que ce soit ; comme aussi déclarer nulles & de nul effet, les Saisies faites ou à faire. En conséquence le Caissier tenu de vuider ses mains, de ce qu'il doit ou devra, en celles desd. Acteurs, Actrices, & autres employés au Spectacle de l'Opera : quoi faisant il en sera & demeurera bien & valablement déchargé. Ouï le Rapport, & tout considéré : LE ROI ÉTANT EN SON CONSEIL, ayant égard à la Requête, a ordonné & ordonne, que les Gages, Appointemens, *Pensions,* Rétributions & peines des Acteurs, Actrices, *Simphonistes,* & autres personnes employées à l'Académie Royale de Musique, ne pourront être saisis par leurs Créanciers, pour quelque cause que ce soit. Veut Sa Majesté, que nonobstant toutes Saisies faites ou à faire, qu'elle déclare nulles & de nul effet, le Caissier de ladite Académie paye & vuide ses mains de ce qu'il doit ou devra ci-après auxdits

Acteurs, Actrices, *Simphonistes*, & autres employés au service de ladite Académie : quoi faisant, il en sera bien, & valablement déchargé. Fait au Conseil d'Etat du Roi, Sa Majesté y étant, tenu au Camp d'Aloft, le seizieme jour d'Août mil sept cens quarante-cinq. *Signé*, Phelypeaux.